EUGÈNE PELLETAN

QU'ALLONS-NOUS FAIRE?

CONFÉRENCE DE ZURICH

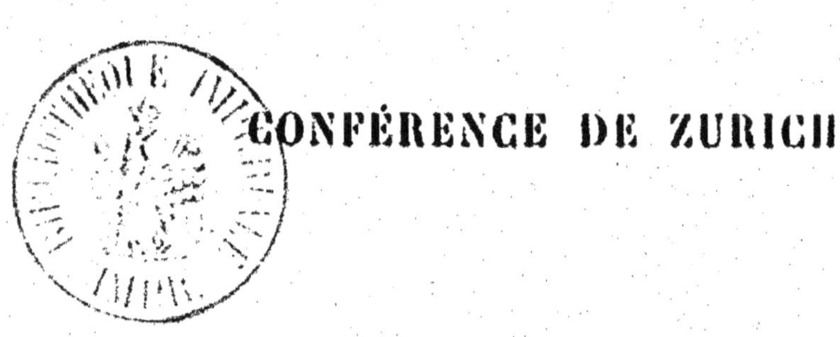

PARIS

LIBRAIRIE NOUVELLE

BOULEVARD DES ITALIENS, 15

A. BOURDILLIAT ET Cie, ÉDITEURS

1859

QU'ALLONS-NOUS FAIRE?

I

La France venait d'apprendre la victoire de Solferino : l'imagination populaire entrait à son tour en campagne.

L'Autriche, disait-elle, avait donné sa mesure. Son épée n'était pas de longueur. Partout elle avait eu le choix du terrain, le choix du moment, et partout elle avait cédé, du premier choc, au génie de ce qu'on appelle maintenant la démocratie de l'armée française.

Battue une première fois sur le Tessin, une seconde fois sur le Mincio, elle avait cherché un refuge dans le camp retranché de Vérone. Ce n'était plus une armée en campagne, ce n'était qu'une garnison assiégée, une question de temps, montre en main, de pioche tout au plus et d'artillerie. Or Sébastopol disait assez comment le soldat français enlève une redoute. Quelle muraille, d'ailleurs, pouvait résister à la puissance foudroyante du canon rayé? « Je tiens l'ennemi à la gorge, écrivait Hoche dans la fièvre chaude de son patriotisme, demain je vais le saigner. »

Pendant ce temps-là, au besoin, une flottille caparaçonnée, invulnérable au boulet, passait la lagune et entrait dans Venise. L'armée autrichienne, ainsi tournée, avait l'alternative d'une nouvelle capitulation d'Ulm ou d'une retraite à marche forcée derrière le Tyrol. La parole du programme était accomplie et l'Italie libre jusqu'à l'Adriatique.

Si l'Autriche après cela persistait à soutenir la gageure, alors à la guerre comme à la guerre! La France avait Kossuth à sa disposition. Une révolution éclatait en Hongrie. L'empire polyglotte de la maison de Hapsbourg tombait en dissolution, et, réduit désormais à son duché primitif, repassait au second rang et faisait symétrie à la Bavière.

L'imagination populaire gagnait ainsi le temps de vitesse, et promenait complaisamment du doigt l'aiguille sur le cadran. Mais voici que tout à coup, au milieu de son rêve, dans le calme d'un jour d'été, le canon retentit sur Paris. Quel événement pouvait-il annoncer? encore une victoire? Il annonçait simplement la signature de la paix dans une hôtellerie de Villafranca. A cette nouvelle, une partie de la population éprouva comme un sentiment de surprise.

« Eh quoi! déjà?... » murmurait-on en soi-même. On avait caressé un beau roman, l'épingle à la main, sur la carte d'Italie. On regrettait que la lune de miel de la guerre eût passé en un mois avec la rose du printemps.

Quant à ceux-là qui savent mieux lire que d'autres au livre du destin et tourner plus vite la page, la paix ne pouvait évidemment les prendre au dépourvu; ils avaient fait d'avance dans leur esprit le partage du possible et de l'impossible; et, sans vouloir jouer aux prophéties, ils avaient prédit que cela serait, qui a été.

Que le parti désappointé de la guerre voie s'il le veut dans la paix de Villafranca, la victoire arrêtée en chemin. Nous avons trop le respect de nous-mêmes pour nous dépiter contre l'ordre inflexible de la logique! Il n'y a qu'à Naples qu'on injurie la statue de saint Janvier, parce qu'elle refuse de servir un miracle à l'impatience de la multitude.

Et nous aussi, sans doute, nous fraternisons avec l'Italie; nous voudrions de toute notre âme l'affranchir aussi loin que fleurit l'oranger. Nous gémissons en ce moment sur la destinée de Venise; après tant d'épreuves, devait-elle connaître encore un dernier martyre, le martyre de l'illusion? En voyant passer à l'horizon cette flotte à vapeur, elle croyait voir apparaître la liberté. Elle n'en aura eu, hélas! que la fumée.

Mais si l'Italie a le droit de beaucoup rêver parce qu'elle a beaucoup souffert, on ne force pas avec un rêve la main de l'histoire. L'histoire entend donner à son heure ce qu'elle a mission de donner. On n'antidate pas au gré de son désir la liberté de son pays. Les situations dans ce monde ont leur conséquence forcée, et ce n'est pas avec des pluies de fleurs ni des mouchoirs aux balcons qu'on brise les liens de fer des causes et des effets.

Jugeons donc la paix de Villafranca, si nous voulons la juger équitablement, non à la mesure de notre chimère, mais à la mesure de la réalité; non comme une paix de sentiment, mais comme une paix de raison. Dans cette donnée, cherchons le meilleur parti que nous pouvons en tirer pour la France et pour l'Italie.

II

Nous aimons la paix par plus d'une raison sans doute, mais, avant tout, par cette raison qu'elle donne la liberté. C'est dans la paix, en effet, et uniquement par la paix, que la liberté a toujours grandi et grandira encore si la loi du progrès tient parole. La théorie le dit, le fait le redit, et, selon la trempe de son tempérament, chacun peut choisir l'un ou l'autre témoignage.

On a fait la guerre au commencement du siècle avec toute la verve et toute la grâce du caractère français. On marchait, on combattait, on mourait, on passait glorieusement du plaisir au danger entre un bouquet de femme et un boulet de canon. Mais pendant ce temps-là qui songeait à la liberté?

A chaque victoire, au contraire, une pierre tombait de l'édifice démoli pièce à pièce de la révolution.

La Restauration donne la Charte — par écrit, — et qu'arrive-t-il, au scandale de la Sainte-Alliance? La France, sous forme d'une baïonnette, avait soulevé l'Europe; la France, sous forme d'une idée, l'attirait comme la lumière attire la vie dans l'espace. Elle pensait, elle parlait, elle gagnait par l'éloquence une victoire plus certaine que par l'épée; elle gravitait chaque jour vers la liberté et entraînait le continent avec elle dans son mouvement de gravitation. L'opinion libérale, à peine à son apprentissage après 1815, avait achevé son éducation en 1830, et, le jour où un coup d'État la mettait au défi, elle répondait par la révolution de Juillet.

Et aussitôt une Europe nouvelle, née de la France, Française de conviction, faisait explosion au contrecoup de sa victoire. Mais le temps avait manqué à l'idée libérale pour préparer le sol également partout à la circonférence de sa frontière. Si elle réussit à Bruxelles, à Madrid, à Lisbonne, elle succomba en Italie, elle ébranla à peine l'Allemagne, elle expira en Autriche sans même y réveiller un murmure. La Pologne, cette morte sublime toujours en état de résurrection, sortit de son tombeau, pâle, sanglante, comme au jour du meurtre, écarta de son sein le pli du linceul, montra du doigt sur sa poitrine sa première blessure, et dit au vainqueur : « Frappe encore! » Il frappa un second

coup et la victime disparut de nouveau dans la nuit; la pierre retomba sur le sépulcre : l'ordre régnait à Varsovie!

Mais le régime constitutionnel fonctionnait toujours en France et, par la presse, par la tribune, faisait un cours public de liberté à l'Europe. La paix, bien qu'elle aurait pu prendre à l'occasion une attitude plus fière, rassurait cependant l'esprit ombrageux des nationalités et nous donnait mieux que des arpents de terre sur le Rhin, en nous donnant les peuples eux-mêmes en otage. Elle les détachait insensiblement de leurs souverains pour les rattacher à nos principes. Et voici qu'un jour, à l'instant même où ces souverains, saisis dans leurs palais par la puissance occulte de l'esprit français et troublés d'une sorte de terreur sacrée, essayent de réagir dans un suprême effort et lèvent la main pour jeter l'anathème à la liberté, leur main tombe, leur langue tourne dans leur bouche, et, comme Balaam, ils bénissent, au lieu de maudire.

Les rois de Prusse, de Piémont, de Naples, de Bavière, le pape lui-même, donnèrent coup sur coup des institutions à leurs États. A la révolution de Février, il n'y avait plus que l'Autriche et une partie de l'Allemagne en retard. Ainsi, la paix avait développé la liberté dans le monde, et la liberté avait développé la suprématie de la France sur l'Europe. La France commandait par l'exemple, elle régnait par la sympathie. Est-ce nous qui le disons? Notre témoignage serait suspect. Non. C'est un témoin intéressé plutôt à déguiser la vérité, un ministre de Russie, le comte de Nesselrode.

Voici ce qu'il écrivait à lord Palmerston, pour le détourner de prêter la main à l'émancipation de l'Italie :

« Grâce aux changements, disait-il, qui vont avoir lieu
» dans la péninsule, comme ils ont eu lieu en d'autres pays,
» la France aura gagné à la paix plus que ne lui aurait donné
» la guerre. Elle se verra environnée par un rempart d'États
» constitutionnels organisés sur le modèle français, agissant
» sous son influence. »

Le comte de Nesselrode écrivait cette dépêche à la date du 24 février, et, ce jour-là, le peuple français écrivait aussi un mot à l'Hôtel de Ville. Au premier bruit de la nouvelle, l'empereur de Russie appela ses aides de camp. « A cheval, messieurs ! » Puis il regarde autour de lui... il était le seul représentant de la Sainte-Alliance. L'Autriche elle-même avait rendu son épée à la révolution.

III

Par le traité de Villafranca, l'empereur François-Joseph cède ses droits sur la Lombardie. Ses droits? Qu'est-ce à dire? Que nous aurions combattu par hasard contre des droits en Italie? Mais nous ne cherchons pas querelle à une formule. Nous acceptons sans difficulté l'expression. La politesse française peut bien parler, pour un quart d'heure, la langue de l'Autriche.

Donc ces droits voyageurs passent au Piémont. C'est justice. Peut-être les uns ou les autres regretteront-ils, pour l'honneur des principes, que le Piémont ait cru devoir suspendre sa constitution et la sacrifier en passant au dieu du silence. Parce qu'elle est jeune de date, fallait-il la traiter en enfant qu'on fait lever de table, comme si on avait quelque chose de si particulier à dire qu'elle ne pût l'entendre?

Quelle idée se fait-on de la liberté qu'on l'oblige à se voiler la face à deux mains devant l'ennemi? La liberté avait assez mérité, ce nous semble, de la cause de l'indépendance pour avoir le droit d'assister à la victoire. Eh quoi! c'est au plus beau moment de l'Italie que vous refusez de la mettre dans la confidence? Avez-vous donc craint pour elle l'explosion de son bonheur?

Mais, dit-on à la décharge de la Sardaigne, on ne peut soutenir, avec la liberté, même une guerre de liberté. A qui entend-on par là faire le procès? A la liberté ou à la guerre? Vous mettez le monde au choix et vous condamnez d'avance la guerre à quoi? je vous laisse le soin du mot, et la liberté à l'impuissance, pour ne pas dire à la servitude. Mais à quelle école a-t-on appris l'histoire, pour aventurer cette hérésie? Nous avions cru savoir, au contraire, que la liberté avait donné partout au peuple libre une force de plus pour combattre. Nous avions même dans la mémoire, sans remonter jusqu'à la Grèce et jusqu'à Rome, l'exemple de la Suisse, de la Hollande, de l'Angleterre, de l'Amérique, de la France et, hier encore, de l'Espagne.

Quoi qu'il en soit, le roi Victor-Emmanuel a joué galamment la fortune de son royaume et payé de sa personne sur le champ de bataille. C'est bien le moins qu'il reçoive la Lombardie en récompense de son patriotisme et qu'à cette nouvelle perle de sa couronne il ajoute au besoin le duché de Parme et le duché de Modène.

Toutefois, s'il prétend à une indemnité plus large de son dévouement chevaleresque à l'indépendance de l'Italie, peut-être alors faudrait-il compter. Que la Toscane, effarée à la seule idée de retourner sous la domination de son archiduc, se jette dans les bras ouverts du Piémont, en lui disant : « Sauve-moi ! » et que par reconnaissance elle veuille en-suite, en véritable héroïne de roman, épouser son sauveur, on le conçoit encore dans un premier moment d'enthou-siasme, mais il faut craindre le coup de tête en politique, comme en amour.

Nous croyons connaître l'Italie. Si elle a le patriotisme de son nom, elle a aussi le patriotisme de clocher. On y est Ita-lien de tête, mais on y est aussi de cœur, Toscan, Romain, Napolitain, Sicilien. Est-ce un mal? est-ce un bien? là n'est pas la question. C'est un fait. Or le représentant de ce fait, le parti fédéral, verra, sous l'incorporation de la Toscane à la Sardaigne par assis et levé, la pensée secrète d'engloutir successivement l'Italie tout entière dans la maison de Savoie. Il gémira d'abord, il protestera ensuite et au lieu d'un seul parti debout contre l'Autriche, le parti de l'indépendance, on aura le camp de la fusion, le camp de la séparation, c'est-à-dire une guerre civile de système.

D'un autre côté une opinion puissante à la frontière sur-veille d'un front jaloux l'agrandissement à vue d'œil de la Sardaigne. Or, que dit cette opinion, elle dit que la France, après être allée détruire à Anvers un premier royaume des Pays-Bas, ne saurait, de gaieté de cœur, en rétablir un second à une étape de Toulon.

Nous avons aujourd'hui l'alliance du Piémont; nous espérons la garder longtemps. Nous avons pris à coup sûr un gage sur sa reconnaissance. Depuis quand cependant la reconnaissance fait-elle autorité en diplomatie? Avons-nous oublié déjà que l'Amérique affranchie par nous de l'Angleterre, signait une heure plus tard une alliance contre nous, et avec quelle puissance? Précisément avec l'Angleterre.

Dans cette situation le roi de Sardaigne doit prendre garde sur sa tête de fournir le moindre prétexte à n'importe qu'elle opposition de la part de la France ou de l'Italie; il aura d'autant plus de force pour achever l'œuvre glorieuse de l'indépendance, que pour son propre compte il montrera plus de désintéressement de territoire. Une heure viendra sans doute où la défiance dans ce monde fera place partout à la solidarité. Nous l'espérons, nous le certifions, dussions-nous passer pour utopiste. Si par moment nous renonçons à croire à l'homme et à son esprit de sagesse, nous nous fions pour la direction de sa destinée à l'intelligence du chemin de fer et du télégraphe. Alors comme alors! Mais jusqu'à ce moment, encore relégué derrière le rideau, le roi de Piémont doit réserver la question de Toscane sous peine peut-être de se prendre la main au piége de sa fortune.

IV

Par le deuxième article du traité, l'Autriche conserve la
Vénétie. A quel titre? de province autrichienne où de province
italienne? La question reste dans le nuage : discutons l'une et
l'autre hypothèse.

Si c'est à titre de province purement autrichienne, autre‑
ment dit, de province gouvernée comme dans le passé, et ad‑
ministrée de Vienne, par voie bureaucratique, l'Autriche, dans
ce cas, aurait joué à qui perd gagne avec un insigne bonheur.
Elle aurait, à la vérité, perdu la Lombardie; mais qu'est-ce
que la Lombardie, en définitive? Une propriété de luxe, une
plaine ouverte à tout vent, qu'elle gardait en camp volant,
sur le qui-vive, à grands frais d'hommes et de millions, et
contre un retour offensif toujours possible de la Sardaigne,

et contre l'irritation toujours frémissante de la population.

Aujourd'hui elle quitte ce sol qui lui brûlait le pied et la condamnait d'année en année à la banqueroute. Elle resserre sa ligne de défense trop flottante et opère une véritable concentration de puissance. Mieux assise et mieux affermie désormais derrière la ligne du Mincio et sous le canon du quadrilatère, elle va réduire de plus de moitié sa garnison en Italie, et compenser une diminution de territoire par une augmentation de richesse. Or la puissance d'un peuple tient moins à la surface du sol qu'au chiffre du budget. Même à la guerre, le maître de la victoire, ce n'est pas Turenne, c'est un milliard.

Si au contraire l'Autriche possède la Vénétie à titre de province italienne, entendons-nous, italienne de fait, en ce sens que régie par elle-même sans autre armée que sa milice, elle voterait l'impôt en famille et le dépenserait à domicile ; il faudrait alors féliciter hautement l'empereur François-Joseph. Un rayon de grâce l'aurait touché. Il aurait lu à la flamme de la montagne de Solferino, et il aurait compris dans une heure d'inspiration la première loi de ce monde, pour le prince comme pour le pâtre, la loi de justice.

Il conserverait à la vérité, pour l'étiquette, pour la satisfaction d'amour-propre, si l'on veut, une suzeraineté nominale sur Venise, peut-être même encore l'aigle à double tête sur le drapeau de Saint-Marc ; mais Venise, en échange, aurait acquis l'essence, sinon la réalité de l'autonomie : une administration locale et la gestion de son budget. Mais comment supposer que, contrairement à sa politique traditionnelle d'absorption, l'Autriche rendra la main à l'esprit de nationalité sur l'Adriatique, quand partout ailleurs elle le brise impitoyablement pour le faire entrer de vive force dans le cadre de son unité ?

Aussi, ni l'une ni l'autre hypothèse. La Vénétie purement autrichienne, ce serait trop peu pour la France, et purement italienne trop peu pour l'Autriche. Que sera-t-elle donc en réalité ? autrichienne et italienne à la fois, c'est-à-dire gouvernée en langue allemande, et cependant confédérée à l'Italie.

Ici nous touchons à la difficulté du problème. Non que nous ayons en principe aucune objection contre une tentative de fédération. Qui veut l'Italie libre doit la vouloir fédérale, avec une mise de force en commun pour la protection de son indépendance. Mais l'idée d'une fédération implique a priori la démolition des forteresses de la Vénétie. Eh quoi! l'Autriche viendrait demain au conseil réuni de la péninsule, et jetant quatre forteresses d'un coup dans le plateau de la balance, elle dirait à l'assemblée : « Soyons Italiens! voilà mon apport dans ce traité de bonne amitié. »

Nous comprenions encore autrefois ce prodigieux encombrement de canons à Vérone, à Mantoue, à Peschiera, à Lonato, lorsqu'elle croyait avoir à défendre son propre territoire contre l'Italie, mais aujourd'hui que ce territoire ferait partie intégrante de l'Italie, sous la garantie mutuelle d'une diète italienne, contre qui aurait désormais à la protéger cette formidable artillerie toujours en batterie sur le rempart? Contre elle-même, puisque en vertu du pacte commun, la Romagne ce serait encore elle, la Toscane toujours elle, et ainsi de suite jusqu'au golfe de Pausilippe. Ce serait aussi sensé que si l'Ohio armait contre le Massachussets et le canton de Berne contre le canton de Genève.

Aussi longtemps que l'Autriche garderait le pâté impénétrable du quadrilatère, une fédération où elle aurait entrée ne pourrait être qu'une fable de La Fontaine. On aurait fait de l'Italie une épée et l'empereur d'Autriche en tiendrai la poignée. Nous pouvons nous tromper, alors que notre parole retombe sur nous; mais pour notre excuse nous pouvons affirmer que nous obéissons uniquement ici, en tout bien tout honneur, au dieu intérieur du patriotisme.

V

Et d'abord qui va-t-on confédérer en Italie? Les États,
cela va sans dire ; mais qu'entend-on par les États, les souverains ou les peuples, puisqu'ils font deux pour leur mal-
heur? C'est là une situation contre nature assurément, qui
accuse la profonde maladie organique de l'Italie depuis les
congrès de Vienne et de Laybach. Car les peuples et les gouvernements sont faits pour vivre de bon accord dans leur
intérêt commun. Mais nous ne croyons pas trahir un secret
en rappelant ici que la plupart des pouvoirs ne régnaient
dans la péninsule qu'autant que l'Autriche, sentinelle toujours
invisible et souvent visible, montait la garde à la porte de
leur palais. Aussi, à peine la sentinelle avait-elle descendu

sa faction à l'approche de l'armée française, que la population reconduisait poliment à la frontière le grand-duc de Toscane et le duc de Modène.

Et hier encore, à Naples, de cette rive embaumée de Baïa,
voluptueusement assise à l'ombre du pampre, le passant le soir
croyait voir à l'horizon de Capri un fantôme debout dans la
brume du crépuscule, comme si le génie de Tibère couvait
encore la ville du regard. Sous cette terre tragique il enten-
dait par moment passer un soupir étouffé que la vague re-
couvrait aussitôt d'un délicieux murmure : c'était le soupir
du cachot. Un roi régnait alors, il ne règne plus; un autre le
juge à son tour ; paix à sa mémoire! Espérons toutefois qu'il
a emporté avec lui sa politique dans son tombeau. Puisque
son jeune successeur a cru devoir prendre le temps de la
réflexion pour faire droit à son peuple, respectons religieu-
sement le cours de sa méditation.

Mais enfin, si le projet de fédération associait seulement
les princes entre eux, sans admettre les peuples au partage
sous la forme constitutionnelle, qu'arriverait-il? qu'avec toute
la bonne intention du monde on aurait créé une Sainte-Alliance italienne, et qu'en voulant assurer magnanimement l'é-
mancipation de la péninsule on aurait opposé un obstacle
invincible à sa liberté. Si autrefois l'Autriche, alors qu'elle
n'avait pas autorité pour faire la police à sa porte et interve-
nir hors de sa frontière, a exigé des princes voisins la pro-

messe signée de ne jamais accorder d'institutions libérales, pour les tenir à jamais brouillés avec leurs sujets et les forcer ainsi à recourir sans cesse à son patronage contre le danger de révolution; si en vertu de cette promesse unique dans l'histoire de la diplomatie elle a fait sans cesse patrouille à main armée à Naples, en Romagne, en Toscane, bien qu'en fraude, en contravention au droit public de l'Europe, et au risque d'attirer sur sa tête une réplique en sens opposé de la part de la France; que serait-ce donc aujourd'hui que, partie garante de la confédération italienne, elle aurait non-seulement le droit, mais le devoir légal d'exécuter la consigne de la diète souveraine, et de quelle diète en conscience? d'une diète inspirée et dirigée par elle avant toute chose contre la liberté, car la liberté lui retire l'air italien et l'étouffe dans la Vénétie?

Nous sentons le froid nous gagner à cette pensée. Mais cette supposition est chimérique; elle est impossible de toute impossibilité. Il faudrait un esprit plus que mal fait pour blasphémer, à ce point d'imaginer que la France aurait jeté son sang au vent, et aurait laissé l'Italie plus esclave que jamais sur la trace éblouissante de sa victoire. Nous ne citons cette hypothèse que pour mémoire, et uniquement parce qu'elle a séduit l'imagination de ce parti honteux qui ne comprend d'autre gloire pour un peuple que la domination étrangère au sommet, et à la base la servitude.

Revenant donc à l'intention du projet, nous croyons sincèrement qu'il a entendu confédérer non-seulement les princes absolutistes de l'Italie, mais encore les peuples réconciliés enfin avec leurs gouvernements par des constitutions. Ces constitutions, pourtant, qui les donnera ? Les souverains. La chose est faite depuis longtemps. Le duc de Toscane a édité une charte, où est-elle ? Le pape en a promulgué une autre, où est-elle ? Le roi de Naples en a juré une autre, où est-elle ? Sous la remise. Il l'en retirera quand il voudra, comme une voiture de parade. On peut, au moment d'un congrès et par la pression de la justice en force, faire donner une constitution à un État ; mais la faire donner, c'est le moindre résultat ; il faudrait encore la faire aimer, comprendre, respecter, appliquer en conscience ; or, c'est là ce qui, de mémoire de liberté, n'est au pouvoir d'aucun congrès. Une constitution ne marche pas plus toute seule qu'une horloge. La main de l'horloger doit la remonter sans cesse, sous peine d'arrêt ; mais s'il met la clef dans sa poche, l'heure gardera le silence.

VI

N'importe ! l'œuvre par elle-même a tant de grandeur, qu'elle mérite la tentative. La Toscane ne fait plus difficulté. Le grand-duc voyage et, à en croire le bruit public, laisse sa place à une autre dynastie. Or, cette dynastie, née d'une heure de liberté, solidaire par conséquent de la liberté par son origine, régnera sûrement sur le modèle accompli du roi de Sardaigne et du roi de Belgique. On en peut dire autant de l'inconnue algébrique quelle qu'elle soit, appelée désormais à faire le bonheur de Modène ou de Plaisance.

Peut-être bien aussi le roi de Naples, pour peu qu'il veuille écouter un autre ami que son confesseur, comprendra, par un argument de fait, par l'exemple du Piémont, que de toutes les manières possibles de gouverner dans ce monde, la plus agréable est encore la méthode constitutionnelle qui permet au prince d'aller, de venir en toute assurance, de tenir conseil, de commander son armée, de faire le bien sans jamais faire le mal, autrement que par un tiers interposé sous le nom de ministre, tandis que l'autre méthode vous force à vous creuser une cave de sûreté dans le rocher de Gaëte, à vous emprisonner dans votre terreur, à tendre sans cesse l'oreille au bruit de la vague et à murmurer chaque soir à votre coucher : « Régnerai-je demain? »

Quant au pape, nous voudrions assurément, que pouvoir spirituel et temporel à la fois, infaillible dans sa première fonction et responsable dans la seconde, il pût dédoubler son être pour retirer d'une main en théologie la liberté d'examen, et pour l'accorder de l'autre en politique ; nous voudrions qu'il pût avoir en quelque sorte une âme de rechange qu'il éloignerait et rappellerait tour à tour, selon qu'il regarde le ciel ou qu'il regarde la terre, qu'il dicte un dogme ou signe une ordonnance.

Mais le peut-il? le veut-il surtout? L'expérience a déjà parlé. Où l'a-t-elle conduit, ou le conduira-t-elle encore? Dieu nous préserve de contrister aucune croyance, mais est-ce bien la peine de recommencer l'épreuve? Le Christ semblait avoir prévu cette contradiction de toute éternité, le jour où, du haut du temple, il refusait l'offre d'un royaume.

Le traité de Villafranca réserve à la papauté la présidence *honoraire* de la Confédération. Honoraire, rien de mieux ; on ne saurait trop honorer la papauté. Mais la présidence effective doit reposer ailleurs. Déjà, au mois d'octobre 1847, au moment glorieux de Pie IX, Lamartine avait abordé cette question, et avec ce don de seconde vue particulier à son génie, il disait :

« Le pape, dépendant des puissances pour les intérêts de
» son église comme pontife, est forcé d'en dépendre comme
» souverain italien. L'Italie confédérée, contre les puissances
» aurait pour centre et pour chef de sa confédération l'allié
» obligé de ses ennemis ! L'enthousiasme peut rêver cet ordre
» de choses, le sang-froid le dissipe. Le cœur de l'Italie doit
» être Italien. Le faisceau de la confédération doit être dans
» la main d'une puissance indépendante des ennemis de la pa-
» trie. L'unité italienne peut avoir un centre mobile, mais ce
» centre doit être exclusivement national. La Rome du pape
» est cosmopolite. C'est sa grandeur, mais c'est aussi sa fai-
» blesse. La capitale du monde catholique ne saurait être la
» capitale exclusive des Italiens. Elle est plus ou elle est
» moins ; elle est la Rome du monde, elle n'est plus la Rome
» d'un peuple. »

Mais que la difficulté vienne de Rome ou de toute autre part,

la France a montré dans cette question italienne et montre
depuis 1815 assez de désintéressement pour avoir la permission de dicter quelquefois son opinion. Le continent l'a trai-
tée après la bataille de Waterloo avec toute la rigueur du *væ
victis*. Elle a eu plus d'une fois occasion de prendre sa re-
vanche et de redresser l'équilibre faussé de l'Europe. Elle ne
l'a pas voulu. Après son Iliade impériale à perte d'haleine,
elle n'a plus songé qu'à reprendre respiration, qu'à vivre en
petite tenue, travailler, produire, forger, tisser, vendre son
blé ou son vin, sa soie ou son coton. Si de temps à autre elle
faisait une promenade armée à la frontière, en Espagne, en
Grèce, en Belgique, en Italie, c'était toujours sans pensée d'am-
bition et de conquête. Elle conquit à la vérité l'Algérie, mais
l'Algérie était un sol vague peuplé de chacals et de Bédouins;
partout ailleurs et pour quelque idée, selon le changement
d'atmosphère, qu'elle ait déployé son drapeau pour la révolution ou contre la révolution, à Cadix ou à Anvers, à Rome
ou à Milan, elle a toujours usé de la victoire comme à l'é-
poque de la chevalerie. Elle a prêté de tout cœur son épée
tantôt à une cause, tantôt à une autre, sans vouloir en tirer
d'autre récompense que la conscience d'avoir obligé le voisin.
Cette magnanimité de sa part doit évidemment lui donner
une éloquence de plus pour stipuler en faveur de l'Italie.

VII

Et puisque la France a mis l'amnistie à l'ordre du jour de
la paix, comme dernière condition, qu'elle ferme d'autorité,
sans retour, le régime arbitraire de proscription, ce sinistre
mare exilium plenis, qui de tout temps a retenti si doulou-
reusement dans l'histoire. Que demain, que toujours désormais l'Italie, en faisant du regard le rescensement de sa gloire,
ait l'orgueil de la trouver au complet à la lumière de son
soleil.

Le vent parle quelquefois. Il raconte qu'il y avait dans la
Méditerranée un rocher aride battu par le souffle brûlant de
l'Afrique. De temps en temps, le soir, à la lueur funèbre de
la torche de l'Etna, un vaisseau mystérieux comme la raison
d'État y jetait une cargaison humaine, et le condamné y brûlait à petit feu et y mourait en silence dévoré par le soleil. Le

bûcher en longueur!... Le soleil bienfaisant, le Dieu de la fleur et de la moisson choisi pour bourreau!...

Et pendant ce temps-là, des femmes, des enfants, debout sur la grève, interrogeaient du regard l'horizon vide et levaient leurs bras au ciel pour jeter un dernier adieu à un éternel absent, mort désormais pour leur regard ; et chaque année, quand revenait le printemps, elles baissaient leur voile de tristesse pour ne pas voir le soleil qui souriait ici et qui tuait peut-être ailleurs.

Que la France dise à tous ces maîtres de l'Ital e, à ces hommes de chair comme nous : C'est assez frapper, remettez votre main dans la poitrine. Si vous avez cru la rigueur nécessaire à la sécurité de votre couronne, l'arithmétique de la rigueur strictement nécessaire est toujours incertaine ; et, erreur pour erreur, il vaut encore mieux dans le doute incliner vers la clémence que vers la sévérité, car Dieu compte jusqu'à la dernière larme tombée sur le chevet de la souffrance, et jusqu'à la dernière fourmi écrasée sous le pied du puissant.

Qu'elle dise encore que la foudre est tombée alternativement en Europe sur tous les partis, que les murs des prisons ont retenti depuis soixante ans du mécompte de toutes les idées, absolutistes, démocratiques, tour à tour trahies par la fortune et emprisonnées les unes après les autres derrière les mêmes verrous pour que la domination apprît par le flux et le reflux de ces vicissitudes à pratiquer réciproquement la miséricorde.

Qu'elle leur dise enfin que la vie, même la plus pleine d'années, est encore courte à notre soleil; que la vieillesse, en définitive, c'est demain; que nous avons tous et sans cesse, tous, hommes insignes ou hommes obscurs, à mettre une bonne œuvre de côté. La nuit va venir; l'ombre approche. A cette heure solennelle tu repasses ta vie entière d'un dernier regard, tu murmures encore une dernière parole, comme la répétition du témoignage que tu vas porter sur toi-même à l'éternité. Tu peux répondre à Dieu, qui attend penché déjà sur ton âme : j'ai pardonné, pardonne-moi à ton tour.

Et que la France, se donnant elle-même en exemple, elle ajoute... Mais non! C'est un souvenir personnel. Nous demandons la permission de le raconter. C'était sous le règne dernier; on venait de signer une amnistie malgré la crainte du parti qui voit toujours, dans une pensée de bien, une menace de danger. On avait cru, à une de ces heures où Dieu rend visite au cœur d'un roi, qu'aussi longtemps qu'une famille souffrait autour d'un trône pour l'erreur politique d'une minute, on ne saurait dormir d'un bon sommeil.

On avait cru cela, et, à ce moment, il y avait là-bas, dans un quartier perdu de la Cité, une pauvre femme assise devant la cendre froide de son foyer. Un reste de lumière brûlait encore sur la cheminée comme un dernier espoir près de mourir. La malheureuse n'avait plus même le droit de pleurer, car, à force de couler, la source intérieure avait tari. Sa fille aînée priait à son côté, et mêlait à sa prière le nom d'un absent. C'était le nom de son père parti pour l'exil!

Le jour de son départ il avait emporté, avec son outil, le pain de sa maison. Un second enfant criait de faim dans un berceau. La nuit était morne comme une veillée d'agonie. Une heure lugubre tombait d'intervalle à intervalle dans le silence de l'espace. La mère jetait tour à tour un regard de désespérée sur le berceau et sur la fenêtre. Elle roulait déjà dans son cœur une sinistre pensée.

Tout à coup elle entend un bruit sourd de pas derrière la cloison de sa mansarde, elle voit entrer un homme : c'est le fantôme qu'elle a vu tant de fois dans son rêve, c'est son mari! Il vient de loin couvert de poussière et fatigué de la longueur du chemin. N'importe; c'est lui ! elle le reconnaît, elle jette un cri déchirant de joie ; elle tombe évanouie sur le carreau; elle n'a pas même le bonheur de sentir le premier baiser. La jeune fille, à genoux, reprend sa prière, et ce qu'elle dit alors dans l'effusion de sa reconnaissance, Dieu seul a pu le savoir.

Le roi de juillet a pu mourir depuis, ou plutôt porter ailleurs le procès de sa vie; cette prière l'avait précédé là haut pour plaider en sa faveur.

Nous avons dit tout ce que nous avions à dire, non pas à notre nom et par fatuité, mais au nom et pour le compte de l'opinion. Nous l'avons interrogée, en toute déférence nous traduisons sa réponse. Maintenant la parole est à la diplomatie. Le canon a fait son œuvre ; quelle fasse la sienne à son tour, et puisse, dans cette Suisse libre où elle délibère à l'heure qu'il est, une inspiration du sol monter à son esprit.

Post-Scriptum. — Cette brochure allait paraître le matin même où le *Moniteur* annonçait à la France une amnistie. Nous n'avons ni un mot à ajouter, ni un mot à retrancher à ce que nous avons écrit.

FIN

Paris. — Imp. de la LIBRAIRIE NOUVELLE, A. Bourdilliat, 15, rue Breda.